The Crocodile in the Hat: Beginner Bilingual French-English Stories For Kids

Pomme Bilingual

Published by Pomme Bilingual, 2024.

While every precaution has been taken in the preparation of this book, the publisher assumes no responsibility for errors or omissions, or for damages resulting from the use of the information contained herein.

THE CROCODILE IN THE HAT: BEGINNER BILINGUAL FRENCH-ENGLISH STORIES FOR KIDS

First edition. November 19, 2024.

ISBN: 979-8230355090

Written by Pomme Bilingual.

Table of Contents

Le Crocodile au Chapeau

Dans un marais tranquille vivait un crocodile nommé Charles. Charles n'était pas comme les autres crocodiles. Non, Charles adorait les chapeaux ! Il avait un chapeau pour chaque occasion : un chapeau rouge pour les jours ensoleillés, un chapeau bleu pour les jours de pluie, et même un chapeau avec des plumes pour les fêtes.

Mais dans le marais, les autres animaux trouvaient cela bizarre.

« Pourquoi portes-tu des chapeaux, Charles ? » demanda l'hippopotame Hugo.

« Les crocodiles n'ont pas besoin de chapeaux ! » ajouta la tortue Tilda.

Charles baissa la tête, un peu triste. Il aimait ses chapeaux, mais il se sentait différent, comme s'il ne faisait pas partie du marais.

Un jour, quelque chose d'étrange arriva. L'oiseau Olga pleurait sur un nénuphar.

« Que se passe-t-il, Olga ? » demanda Charles.

« Mon nid est cassé ! Mes œufs vont tomber ! » dit Olga.

Charles réfléchit, puis il eut une idée. Il posa son chapeau bleu sur une branche d'arbre.

« Voilà, Olga ! Ton nid est réparé ! » dit-il avec un sourire.

Olga était ravie.

« Merci, Charles ! Tu es un héros ! »

Quelques jours plus tard, le singe Marcel avait un problème.

« Je ne peux pas ramasser ces fruits épineux ! » se plaignit Marcel.

Charles enleva son chapeau rouge et le donna à Marcel.

« Utilise ça comme un sac ! » dit Charles.

Marcel sourit. « Merci, Charles ! Tu es si intelligent ! »

Bientôt, tout le marais parlait des chapeaux de Charles.

« Charles peut résoudre n'importe quel problème avec ses chapeaux ! » disait la grenouille Gaby.

Charles n'était plus triste. Il comprit que ses chapeaux n'étaient pas seulement beaux, mais aussi utiles. Tous les animaux du marais vinrent le voir pour demander son aide.

Et ainsi, Charles, le crocodile au chapeau, devint le héros du marais.

The Crocodile in the Hat

In a quiet swamp lived a crocodile named Charles. Charles was not like other crocodiles. No, Charles loved hats! He had a hat for every occasion: a red hat for sunny days, a blue hat for rainy days, and even a hat with feathers for parties.

But in the swamp, the other animals found it strange.

"Why do you wear hats, Charles?" asked Hugo the hippo.

"Crocodiles don't need hats!" added Tilda the turtle.

Charles lowered his head, feeling a bit sad. He loved his hats, but he felt different, as if he didn't belong in the swamp.

One day, something unusual happened. Olga the bird was crying on a lily pad.

"What's wrong, Olga?" asked Charles.

"My nest is broken! My eggs are going to fall!" said Olga.

Charles thought for a moment, then he had an idea. He placed his blue hat on a tree branch.

"There you go, Olga! Your nest is fixed!" he said with a smile.

Olga was thrilled.

"Thank you, Charles! You're a hero!"

A few days later, Marcel the monkey had a problem.

"I can't pick up these prickly fruits!" complained Marcel.

Charles took off his red hat and handed it to Marcel.

"Use this as a bag!" said Charles.

Marcel smiled. "Thank you, Charles! You're so clever!"

Soon, the whole swamp was talking about Charles's hats.

"Charles can solve any problem with his hats!" said Gaby the frog.

Charles was no longer sad. He realized his hats weren't just beautiful—they were useful too. All the animals in the swamp came to him for help.

And so, Charles, the crocodile in the hat, became the hero of the swamp.

Margot et la Lune Bavarde

Margot était une petite fille curieuse. Chaque soir, avant de dormir, elle regardait la lune par la fenêtre de sa chambre.

Un soir, quelque chose de magique arriva. La lune parla !

« Bonsoir, Margot, » murmura la lune avec une voix douce.

« Bonsoir, Madame Lune, » répondit Margot, surprise.

« Veux-tu entendre une histoire ? » demanda la lune.

« Oui, s'il vous plaît ! »

Alors, chaque nuit, la lune racontait des histoires à Margot. Elle parlait de dragons, de princesses, et de voyages fantastiques. Margot adorait ces histoires.

Mais un soir, la lune resta silencieuse. Margot regarda par la fenêtre.

« Madame Lune ? Où est votre histoire ce soir ? » demanda-t-elle.

La lune était pâle et triste.

« Je n'ai plus d'histoires à raconter, Margot, » dit-elle doucement.

Margot réfléchit.

« Ne vous inquiétez pas, Madame Lune. Je vais chercher des histoires pour vous ! »

Le lendemain, Margot prit son petit sac et partit dans son village. Elle parla à tous les habitants.

Elle demanda au boulanger :

« Connaissez-vous une histoire, Monsieur Paul ? »

« Bien sûr ! Voici l'histoire du pain magique qui ne finit jamais ! » répondit-il.

Margot alla voir la vieille dame dans le parc.

« Avez-vous une histoire pour la lune ? »

« Oui, mon enfant. Voici l'histoire du chat qui jouait du piano, » dit la dame en souriant.

Margot collecta plein d'histoires : des histoires d'animaux, d'aventures et même de mystères. Elle écrivit tout dans un grand cahier.

Le soir venu, Margot regarda la lune.

« Madame Lune, j'ai des histoires pour vous ! » cria-t-elle joyeusement.

La lune brillait un peu plus fort.

« Merci, Margot. Veux-tu les partager avec moi ? »

Margot ouvrit son cahier et commença à lire.

La lune écoutait attentivement. Elle semblait plus lumineuse à chaque mot. Bientôt, la lune retrouva toute sa lumière.

« Merci, Margot, » dit-elle. « Maintenant, je peux continuer à raconter des histoires à tous les enfants. »

Margot sourit. Elle était heureuse d'avoir aidé son amie la lune.

Et chaque soir, Margot écoutait de nouvelles histoires, la tête pleine de rêves.

Margot and the Chatty Moon

Margot was a curious little girl. Every evening before bed, she looked at the moon through her bedroom window.

One night, something magical happened. The moon spoke!

"Good evening, Margot," murmured the moon in a soft voice.

"Good evening, Miss Moon," Margot replied, surprised.

"Would you like to hear a story?" asked the moon.

"Yes, please!"

So, every night, the moon told stories to Margot. She spoke of dragons, princesses, and fantastic adventures. Margot loved these stories.

But one evening, the moon was silent. Margot looked out the window.

"Miss Moon? Where's your story tonight?" she asked.

The moon looked pale and sad.

"I don't have any more stories to tell, Margot," she said softly.

Margot thought for a moment.

"Don't worry, Miss Moon. I'll find stories for you!"

The next day, Margot packed her little bag and went around her village. She talked to everyone she met.

She asked the baker:

"Do you know a story, Mr. Paul?"

"Of course! Here's the story of the magical bread that never runs out!" he replied.

Margot visited the old lady in the park.

"Do you have a story for the moon?"

"Yes, my child. Here's the story of the cat who played the piano," said the lady with a smile.

Margot gathered lots of stories: stories about animals, adventures, and even mysteries. She wrote them all down in a big notebook.

That evening, Margot looked up at the moon.

"Miss Moon, I have stories for you!" she called out joyfully.

The moon shone a little brighter.

"Thank you, Margot. Would you share them with me?"

Margot opened her notebook and began to read.

The moon listened carefully. With each word, she seemed to glow brighter. Soon, the moon regained all her light.

"Thank you, Margot," said the moon. "Now I can keep telling stories to all the children."

Margot smiled. She was happy to have helped her friend, the moon.

And every night, Margot listened to new stories, her head full of dreams.

Gaston la Chèvre Gourmande

Gaston était une chèvre très gourmande. Il adorait manger. Tout ce qu'il voyait, il le voulait pour lui.

« Ce fromage est à moi ! » disait-il.

« Ces pommes sont à moi aussi ! »

Un jour, Gaston trouva une grosse pile de carottes dans le champ.

« Mmm, des carottes ! Je vais tout garder pour moi ! » dit-il.

Il les ramassa toutes et les cacha dans sa grange.

Plus tard, il trouva des fraises dans le jardin.

« Mmm, des fraises ! Elles sont à moi ! » dit-il encore.

Il les ramassa et les cacha avec les carottes.

Chaque jour, Gaston ajoutait plus de nourriture à son tas secret : des noix, des feuilles, du maïs. Personne ne savait où il cachait tout cela.

Mais un matin, quand Gaston alla à la grange pour manger, il trouva... rien !

« Où est ma nourriture ? » cria-t-il.

Il vit un petit chemin de miettes qui sortait de la grange.

« Qui a pris mes trésors ? » demanda Gaston, furieux.

Il suivit les miettes. Elles menaient à une clairière où tous les animaux du village étaient réunis. Ils mangeaient joyeusement : des carottes, des fraises, des noix... tout ce que Gaston avait caché !

« Hé ! C'est ma nourriture ! » cria Gaston.

L'âne André s'approcha.

« Gaston, tu avais tout gardé pour toi. Nous avions faim, alors nous avons partagé. Pourquoi ne pas manger avec nous ? »

Gaston regarda les animaux. Ils riaient et partageaient tout. Il sentit son estomac gargouiller, mais aussi son cœur se réchauffer.

« D'accord, je vais partager, » dit Gaston, un peu gêné.

Il s'assit avec les autres et mangea un morceau de carotte, une fraise, et même un peu de maïs. C'était délicieux !

Ce jour-là, Gaston apprit une leçon importante.

« Partager, c'est mieux que tout garder pour soi, » dit-il en souriant.

Depuis ce jour, Gaston n'était plus gourmand tout seul. Il aimait partager avec ses amis et rire avec eux. Et tout le monde l'aimait encore plus pour cela.

Gaston the Greedy Goat

Gaston was a very greedy goat. He loved to eat. Whatever he saw, he wanted for himself.

"This cheese is mine!" he would say.

"These apples are mine too!"

One day, Gaston found a big pile of carrots in the field.

"Mmm, carrots! I'll keep them all for myself!" he said.

He gathered them all and hid them in his barn.

Later, he found some strawberries in the garden.

"Mmm, strawberries! They're mine!" he said again.

He picked them and hid them with the carrots.

Every day, Gaston added more food to his secret stash: nuts, leaves, corn. No one knew where he was hiding it all.

But one morning, when Gaston went to the barn to eat, he found... nothing!

"Where's my food?" he shouted.

He saw a little trail of crumbs leading out of the barn.

"Who took my treasures?" Gaston asked angrily.

He followed the crumbs. They led to a clearing where all the animals from the village were gathered. They were happily eating: carrots, strawberries, nuts—everything Gaston had hidden!

"Hey! That's my food!" shouted Gaston.

André the donkey stepped forward.

"Gaston, you kept everything for yourself. We were hungry, so we shared it. Why don't you eat with us?"

Gaston looked at the animals. They were laughing and sharing everything. His stomach rumbled, but his heart also felt warm.

"Okay, I'll share," Gaston said, a little embarrassed.

He sat down with the others and ate a piece of carrot, a strawberry, and even some corn. It was delicious!

That day, Gaston learned an important lesson.

"Sharing is better than keeping everything to yourself," he said with a smile.

From that day on, Gaston wasn't greedy anymore. He loved sharing with his friends and laughing with them. And everyone loved him even more for it.

Zaza et le Monstre Mystérieux

———

Zaza était une petite fille très curieuse. Elle aimait explorer, observer et poser des questions. Un matin, en sortant de sa maison, elle vit quelque chose d'étrange : de grandes empreintes dans le jardin.

« Des empreintes ! » s'exclama Zaza.

Elle s'agenouilla pour regarder de plus près.

« Qui a laissé ces traces ? Un monstre ? » se demanda-t-elle.

Zaza courut dans sa chambre. Elle prit son ours en peluche, Monsieur Nounours, et sa lampe de poche.

« Allons enquêter, Monsieur Nounours, » dit-elle avec courage.

Les empreintes allaient dans la forêt derrière sa maison. Zaza suivit les traces, tenant fermement Monsieur Nounours.

« N'ayez pas peur, Monsieur Nounours. Je vous protège, » chuchota-t-elle.

La forêt était calme, mais Zaza entendait des bruits : crac !, rustle !, boum !.

« C'est peut-être le monstre ! » pensa-t-elle.

Elle continua à suivre les empreintes jusqu'à une petite grotte. Elle s'arrêta devant l'entrée.

« Est-ce que le monstre est là ? » murmura-t-elle.

Avec sa lampe de poche, elle éclaira l'intérieur. Et là, elle vit... quelque chose de grand et poilu !

« Bonjour ! » dit une voix douce.

Zaza recula, surprise.

« Tu es un monstre ? » demanda-t-elle.

La créature sortit de l'ombre. C'était un gros chien marron avec des yeux gentils. Il remuait la queue.

« Non, je suis Max. J'ai perdu ma maison, » expliqua le chien.

Zaza sourit.

« Tu n'es pas un monstre. Tu es un gentil chien ! »

Elle tendit la main.

« Viens avec moi, Max. Je vais t'aider. »

Zaza et Max rentrèrent à la maison. Ses parents furent surpris mais contents.

« Nous allons retrouver tes propriétaires, Max, » dit la maman de Zaza.

Pendant ce temps, Max resta avec Zaza. Ils jouèrent, coururent dans le jardin, et devinrent les meilleurs amis du monde.

Zaza apprit que parfois, les choses ne sont pas ce qu'elles semblent être. Et elle était heureuse d'avoir un nouvel ami, même si elle avait eu un peu peur au début.

Zaza and the Mysterious Monster

Zaza was a very curious little girl. She loved exploring, observing, and asking questions. One morning, as she stepped out of her house, she saw something strange: big footprints in the garden.

"Footprints!" Zaza exclaimed.

She knelt down to take a closer look.

"Who left these tracks? A monster?" she wondered.

Zaza ran to her room. She grabbed her teddy bear, Mr. Teddy, and her flashlight.

"Let's investigate, Mr. Teddy," she said bravely.

The footprints led into the forest behind her house. Zaza followed the tracks, holding Mr. Teddy tightly.

"Don't be scared, Mr. Teddy. I'll protect you," she whispered.

The forest was quiet, but Zaza could hear noises: crack!, rustle!, boom!.

"Maybe it's the monster!" she thought.

She kept following the footprints until she came to a small cave. She stopped at the entrance.

"Is the monster in there?" she whispered.

Using her flashlight, she lit up the inside. And then, she saw... something big and furry!

"Hello!" said a gentle voice.

Zaza stepped back, surprised.

"Are you a monster?" she asked.

The creature stepped out of the shadows. It was a big, brown dog with kind eyes. Its tail wagged.

"No, I'm Max. I lost my home," the dog explained.

Zaza smiled.

"You're not a monster. You're a nice dog!"

She held out her hand.

"Come with me, Max. I'll help you."

Zaza and Max went back to her house. Her parents were surprised but happy.

"We'll find your owners, Max," Zaza's mom said.

In the meantime, Max stayed with Zaza. They played, ran around the garden, and became the best of friends.

Zaza learned that sometimes, things aren't what they seem. And she was glad to have a new friend, even if she had been a little scared at first.

Le Secret de Léon le Lion

Léon était un lion très timide. Dans la savane, tout le monde connaissait Léon comme un lion gentil mais silencieux. Ce que personne ne savait, c'est que Léon avait un secret magique : il pouvait peindre des arcs-en-ciel avec sa queue !

Chaque soir, quand tout le monde dormait, Léon sortait discrètement. Il levait sa queue, et hop ! Un bel arc-en-ciel apparaissait dans le ciel nocturne. Mais Léon avait peur que les autres animaux se moquent de lui s'ils découvraient son secret.

Un jour, il ne pleut pas pendant des semaines. La savane devint sèche et les animaux étaient inquiets.

« Nous n'avons plus d'eau ! » dit Zelie la zèbre.

« Nos plantes se fanent ! » ajouta Gigi la girafe.

Tous les animaux se réunirent.

« Que pouvons-nous faire ? » demanda Bruno le buffle.

Mais personne n'avait de solution. Léon écoutait, le cœur lourd.

Cette nuit-là, Léon regarda le ciel sombre.

« Je pourrais les aider, » pensa-t-il. « Mais... et s'ils se moquent de moi ? »

Le lendemain, Zelie la zèbre pleura.

« Sans eau, nous allons tous partir de la savane, » dit-elle tristement.

Léon prit une grande inspiration. Il s'approcha de ses amis.

« Je pense que je peux aider, » dit-il doucement.

Tous les animaux se tournèrent vers lui, surpris.

« Toi, Léon ? Comment ? » demanda Bruno.

Léon ferma les yeux et agita sa queue. Des couleurs magiques jaillirent dans le ciel, formant un grand arc-en-ciel. Une pluie douce commença à tomber.

« De l'eau ! » cria Zelie.

« C'est un miracle ! » dit Gigi.

Les animaux dansaient sous la pluie. La savane reprenait vie. Les plantes devinrent vertes, et les rivières se remplirent.

« Merci, Léon ! Tu as sauvé la savane ! » dirent-ils tous ensemble.

Léon rougit mais sourit.

« Je n'ai plus besoin de cacher mon talent, » pensa-t-il.

Depuis ce jour, Léon ne fut plus timide. Il était fier de montrer sa magie et heureux d'aider ses amis.

Leo the Lion's Secret

Leo was a very shy lion. In the savanna, everyone knew Leo as a kind but quiet lion. What no one knew was that Leo had a magical secret: he could paint rainbows with his tail!

Every evening, when everyone was asleep, Leo would sneak out. He would lift his tail, and poof! A beautiful rainbow would appear in the night sky. But Leo was afraid that the other animals would make fun of him if they discovered his secret.

One day, it didn't rain for weeks. The savanna became dry, and the animals were worried.

"We have no more water!" said Zelie the zebra.

"Our plants are withering!" added Gigi the giraffe.

All the animals gathered together.

"What can we do?" asked Bruno the buffalo.

But no one had an answer. Leo listened with a heavy heart.

That night, Leo looked up at the dark sky.

"I could help them," he thought. "But... what if they laugh at me?"

The next day, Zelie the zebra began to cry.

"Without water, we'll all have to leave the savanna," she said sadly.

Leo took a deep breath. He approached his friends.

"I think I can help," he said quietly.

All the animals turned to him, surprised.

"You, Leo? How?" asked Bruno.

Leo closed his eyes and swished his tail. Magical colors shot into the sky, forming a giant rainbow. A gentle rain began to fall.

"Water!" Zelie shouted.

"It's a miracle!" said Gigi.

The animals danced in the rain. The savanna came back to life. The plants turned green, and the rivers filled up again.

"Thank you, Leo! You saved the savanna!" they all said together.

Leo blushed but smiled.

"I don't need to hide my talent anymore," he thought.

From that day on, Leo was no longer shy. He was proud to show his magic and happy to help his friends.

Pauline et le Pot

Pauline était une petite fille curieuse qui adorait rêver. Un jour, en marchant dans la forêt, elle trouva un vieux pot en terre. Le pot brillait sous le soleil.

« Quel pot étrange, » dit Pauline en le ramassant.

Soudain, une petite voix sortit du pot.

« Bonjour, Pauline ! Je suis un pot magique. Je peux faire pousser tout ce que tu veux ! »

Pauline ouvrit de grands yeux.

« Vraiment ? Tout ce que je veux ? » demanda-t-elle.

« Oui, mais utilise-moi avec sagesse, » répondit le pot.

Pauline rentra chez elle, excitée. Elle posa le pot dans son jardin et murmura :

« Pot magique, fais pousser des fraises ! »

En quelques secondes, de belles fraises rouges poussèrent.

« Waouh ! C'est incroyable ! » s'écria Pauline en les cueillant.

Le lendemain, Pauline voulut plus.

« Pot magique, fais pousser des pommes, des fleurs et des bonbons ! » demanda-t-elle.

Le pot obéit. Bientôt, le jardin de Pauline débordait de pommes, de fleurs colorées et de montagnes de bonbons.

Mais Pauline ne s'arrêta pas.

« Je veux encore plus ! Des jouets, des livres, et même un château ! »

Le pot trembla.

« Pauline, tu me demandes trop... Je suis fatigué, » dit-il faiblement.

Pauline ne l'écouta pas. Elle continua à faire des vœux, encore et encore. Mais soudain, le pot éclata avec un grand CRAC !

« Oh non ! » s'écria Pauline. Le pot était cassé et tout ce qu'il avait créé disparut.

Pauline s'assit dans son jardin vide. Elle était triste et se sentait seule.

« Pourquoi ai-je demandé autant ? » murmura-t-elle.

La petite voix du pot réapparut, douce et calme.

« Pauline, tu as oublié d'apprécier ce que tu avais déjà. »

Pauline hocha la tête.

« Tu as raison. Je n'avais pas besoin de tout cela. Je suis désolée. »

La voix répondit :

« Si tu promets de rester modeste, je reviendrai. »

Pauline sourit.

« Je promets d'être reconnaissante et de ne demander que ce dont j'ai vraiment besoin. »

Le pot se reforma, brillant comme avant. Pauline fit un vœu simple :

« Pot magique, fais pousser des légumes pour ma famille. »

Cette fois, Pauline était heureuse de partager ce qu'elle avait, et elle apprit que parfois, moins, c'est mieux.

Pauline and the Pot

———

Pauline was a curious little girl who loved to dream. One day, while walking in the forest, she found an old clay pot. The pot glowed under the sunlight.

"What a strange pot," Pauline said as she picked it up.

Suddenly, a small voice came from the pot.

"Hello, Pauline! I'm a magic pot. I can make anything you want grow!"

Pauline's eyes grew wide.

"Really? Anything I want?" she asked.

"Yes, but use me wisely," the pot replied.

Pauline hurried home, excited. She placed the pot in her garden and whispered:

"Magic pot, grow strawberries!"

Within seconds, beautiful red strawberries sprouted up.

"Wow! This is amazing!" Pauline exclaimed as she picked them.

The next day, Pauline wanted more.

"Magic pot, grow apples, flowers, and candy!" she said.

The pot obeyed. Soon, Pauline's garden overflowed with apples, colorful flowers, and mountains of candy.

But Pauline didn't stop there.

"I want even more! Toys, books, and even a castle!"

The pot trembled.

"Pauline, you're asking for too much... I'm getting tired," it said weakly.

Pauline didn't listen. She kept making wishes, over and over. But suddenly, the pot cracked with a loud CRACK!

"Oh no!" Pauline cried. The pot was broken, and everything it had created disappeared.

Pauline sat in her now-empty garden. She felt sad and alone.

"Why did I ask for so much?" she murmured.

The pot's small voice reappeared, gentle and calm.

"Pauline, you forgot to appreciate what you already had."

Pauline nodded.

"You're right. I didn't need all that. I'm sorry."

The voice replied:

"If you promise to be modest, I will return."

Pauline smiled.

"I promise to be grateful and only ask for what I really need."

The pot reformed, shining like before. This time, Pauline made a simple wish:

"Magic pot, grow vegetables for my family."

From then on, Pauline was happy to share what she had, and she learned that sometimes, less is more.

Le Ciel de Nuages Sucrés

H ugo était un garçon curieux qui aimait regarder le ciel. Un jour, alors qu'il était allongé dans l'herbe, il vit quelque chose d'étrange. Les nuages semblaient... roses !

« Des nuages roses ? » se demanda Hugo. Il prit son cerf-volant et le lança haut dans le ciel. Soudain, un vent fort le souleva ! Hugo monta, monta, jusqu'à traverser les nuages.

Il atterrit dans un monde incroyable : un monde de bonbons ! Les maisons étaient faites de chocolat, les arbres de sucettes, et des rivières de caramel coulaient partout.

« C'est le paradis des bonbons ! » s'émerveilla Hugo.

Mais avant qu'il ne puisse goûter quoi que ce soit, un grand dragon apparut. Il était fait de réglisse noire et avait des yeux comme des pastilles rouges.

« Qui ose entrer dans mon royaume ? » grogna le dragon.

Hugo trembla un peu mais répondit :

« Je m'appelle Hugo. Je veux partager ces bonbons avec mes amis. »

Le dragon plissa les yeux.

« Partager ? Hmmm... Je te donnerai des bonbons si tu résous mes énigmes. Sinon, tu dois partir ! »

Hugo hocha la tête.

« Je suis prêt. »

Le dragon posa la première énigme :

« Je suis douce et parfois ronde. On m'aime à la fête foraine. Qui suis-je ? »

Hugo réfléchit et sourit.

« Une barbe à papa ! » répondit-il.

Le dragon grogna mais approuva.

Il posa une deuxième énigme :

« Je suis dure au début mais douce à la fin. Je viens souvent avec une surprise. Qui suis-je ? »

Hugo réfléchit encore.

« Un bonbon avec un chewing-gum à l'intérieur ! » dit-il.

Le dragon soupira.

« Très bien. Voici la dernière énigme : Je fond sur ta langue, je suis de toutes les couleurs. Qui suis-je ? »

Hugo sourit.

« Un arc-en-ciel de bonbons ! » cria-t-il.

Le dragon éclata de rire.

« Tu as tout trouvé, petit garçon. Tu es intelligent et courageux. Prends les bonbons, mais n'oublie pas : il faut toujours partager. »

Hugo remercia le dragon et remplit son sac de friandises. Il redescendit sur terre et appela ses amis. Ensemble, ils dégustèrent les bonbons et rirent toute la journée.

Hugo n'oublia jamais sa visite dans le ciel sucré, et il apprit que partager rendait tout plus doux.

The Sky of Sweet Clouds

Hugo was a curious boy who loved watching the sky. One day, as he lay in the grass, he noticed something strange. The clouds looked... pink!

"Pink clouds?" Hugo wondered. He grabbed his kite and sent it soaring high into the sky. Suddenly, a strong wind lifted him up! Hugo rose higher and higher until he passed through the clouds.

He landed in an incredible world: a candy world! The houses were made of chocolate, the trees were lollipops, and rivers of caramel flowed everywhere.

"This is candy paradise!" Hugo marveled.

But before he could taste anything, a giant dragon appeared. It was made of black licorice and had eyes like red candies.

"Who dares enter my kingdom?" the dragon growled.

Hugo trembled a little but answered:

"My name is Hugo. I want to share these candies with my friends."

The dragon squinted its eyes.

"Share? Hmm... I'll give you candy if you solve my riddles. If not, you must leave!"

Hugo nodded.

"I'm ready."

The dragon asked the first riddle:

"I am sweet and sometimes round. People love me at fairs. What am I?"

Hugo thought for a moment and smiled.

"Cotton candy!" he answered.

The dragon grumbled but nodded.

It asked a second riddle:

"I am hard at first but soft at the end. I often come with a surprise. What am I?"

Hugo thought again.

"A candy with chewing gum inside!" he said.

The dragon sighed.

"Very well. Here's the final riddle: I melt on your tongue, and I come in every color. What am I?"

Hugo grinned.

"A rainbow candy!" he shouted.

The dragon burst into laughter.

"You've got them all right, little boy. You're clever and brave. Take the candies, but remember: you must always share."

Hugo thanked the dragon and filled his bag with sweets. He returned to earth and called his friends. Together, they enjoyed the candies and laughed all day long.

Hugo never forgot his visit to the sweet sky and learned that sharing makes everything sweeter.

Colette et les Bottes de Rêve

Colette était une petite fille qui adorait rêver. Un jour, elle trouva une paire de bottes étranges dans un vieux coffre. Les bottes étaient brillantes, avec des étoiles dorées sur les côtés.

Quand Colette les enfila, quelque chose de magique se produisit. Cette nuit-là, dans son sommeil, les bottes l'emmenèrent dans des endroits incroyables : un château dans les nuages, une forêt de bonbons, et même une plage où le sable chantait !

Chaque soir, Colette voyageait grâce à ses bottes magiques.

« Ces bottes rendent mes rêves merveilleux ! » disait-elle.

Mais une nuit, quand Colette voulut mettre ses bottes, elles avaient disparu !

« Où sont mes bottes ? » pleura Colette. Elle chercha sous son lit, dans son placard, et même dans le jardin, mais elles étaient introuvables.

Sans ses bottes, Colette avait peur de dormir. « Je ne pourrai jamais rêver sans elles, » pensa-t-elle tristement.

Cette nuit-là, Colette ferma les yeux et murmura :

« J'espère pouvoir rêver seule... »

À sa grande surprise, elle se retrouva dans un monde merveilleux. Elle volait avec des oiseaux arc-en-ciel, jouait avec des dauphins lumineux, et visitait une montagne de chocolat.

Le lendemain matin, Colette sourit.

« Je peux rêver toute seule ! » s'exclama-t-elle.

Quelques jours plus tard, elle trouva ses bottes sous son lit.

« Vous êtes revenues ! » dit-elle, heureuse.

Mais cette fois, Colette n'en avait plus besoin pour rêver. Elle savait que son imagination était assez forte pour l'emmener partout où elle voulait.

Elle enfila les bottes pour le plaisir, mais elle savait que les plus beaux rêves venaient de son propre cœur.

Colette and the Dream Boots

C olette was a little girl who loved to dream. One day, she found a strange pair of boots in an old chest. The boots sparkled, with golden stars on the sides.

When Colette put them on, something magical happened. That night, in her sleep, the boots took her to incredible places: a castle in the clouds, a candy forest, and even a beach where the sand sang!

Every night, Colette traveled thanks to her magical boots.

"These boots make my dreams wonderful!" she would say.

But one night, when Colette wanted to put on her boots, they had vanished!

"Where are my boots?" Colette cried. She searched under her bed, in her closet, and even in the garden, but they were nowhere to be found.

Without her boots, Colette was afraid to sleep. "I'll never be able to dream without them," she thought sadly.

That night, Colette closed her eyes and whispered:

"I hope I can dream on my own..."

To her great surprise, she found herself in a wonderful world. She flew with rainbow-colored birds, played with glowing dolphins, and visited a chocolate mountain.

The next morning, Colette smiled.

"I can dream all on my own!" she exclaimed.

A few days later, she found her boots under her bed.

"You're back!" she said happily.

But this time, Colette didn't need them to dream anymore. She knew her imagination was strong enough to take her wherever she wanted to go.

She still wore the boots for fun, but she understood that the most beautiful dreams came from her own heart.

Simon et les Singes

Simon était un garçon timide qui n'aimait pas l'école. Il avait peur de faire des erreurs devant ses camarades. Un jour, alors qu'il rangeait ses livres dans sa classe, il entendit un bruit étrange.

CRIC ! CRAC ! BOUM !

Simon tourna la tête. Sur l'armoire, trois petits singes le regardaient avec des sourires malicieux.

« Mais... des singes dans ma classe ? » s'étonna Simon.

Les singes sautèrent sur le bureau du professeur et commencèrent à jouer avec les crayons et les cahiers. L'un d'eux, un singe au chapeau rouge, dit :

« Salut Simon ! Tu veux t'amuser avec nous ? »

Simon hésita. « Je dois étudier... Je ne veux pas faire d'erreurs. »

Le singe au chapeau rouge éclata de rire.

« Des erreurs ? C'est comme ça qu'on apprend ! Regarde. »

Il prit une craie et essaya de dessiner un cercle au tableau. Mais son cercle était tout tordu.

« Oh non ! Ce n'est pas parfait, » dit le singe en riant. « Mais c'est amusant d'essayer ! »

Les deux autres singes commencèrent à chanter :

« Fais une erreur, c'est pas grave, Simon ! Fais une erreur, et deviens champion ! »

Simon sourit malgré lui.

« D'accord, je vais essayer. »

Il prit un crayon et dessina un chat. Le chat ressemblait plutôt à une vache, mais les singes applaudirent.

« Bravo, Simon ! Tu apprends déjà ! »

Pendant toute la récréation, Simon joua et apprit avec les singes. Ils lui montrèrent qu'il était normal de se tromper, tant qu'on essayait encore.

Le lendemain, Simon leva la main en classe pour la première fois. Quand il fit une erreur, il rit et dit :

« Pas grave, j'essaierai encore ! »

Ses camarades sourirent, et même la maîtresse dit :

« Bravo, Simon. C'est comme ça qu'on grandit. »

Simon ne vit plus les singes après ce jour, mais il se rappela toujours leur leçon : les erreurs sont des étapes vers le succès.

Simon and the Monkeys

S imon was a shy boy who didn't like school. He was afraid of making mistakes in front of his classmates. One day, while putting away his books in class, he heard a strange noise.

CRICK! CRACK! BOOM!

Simon turned his head. On top of the cupboard, three little monkeys were looking at him with mischievous grins.

"Wait... monkeys in my classroom?" Simon exclaimed in surprise.

The monkeys jumped onto the teacher's desk and started playing with pencils and notebooks. One of them, a monkey with a red hat, said:

"Hi, Simon! Do you want to have fun with us?"

Simon hesitated. "I have to study... I don't want to make mistakes."

The monkey with the red hat burst out laughing.

"Mistakes? That's how we learn! Watch this."

He grabbed a piece of chalk and tried to draw a circle on the board. But his circle was all wobbly.

"Oh no! It's not perfect," said the monkey, laughing. "But it's fun to try!"

The other two monkeys began to sing:

"Make a mistake, it's okay, Simon!

Make a mistake, and become a champion!"

Simon smiled despite himself.

"Alright, I'll try."

He picked up a pencil and drew a cat. The cat looked more like a cow, but the monkeys clapped.

"Well done, Simon! You're learning already!"

All recess, Simon played and learned with the monkeys. They showed him it was okay to make mistakes as long as he kept trying.

The next day, Simon raised his hand in class for the first time. When he made a mistake, he laughed and said:

"It's okay, I'll try again!"

His classmates smiled, and even the teacher said:

"Well done, Simon. That's how we grow."

Simon never saw the monkeys again, but he always remembered their lesson: mistakes are just steps toward success.

L'étoile de Nino

Nino était un garçon qui se sentait souvent seul. Il n'avait pas beaucoup d'amis, et il passait souvent ses journées à regarder les étoiles dans le ciel.

Un soir, alors qu'il regardait les étoiles briller, une étoile filante tomba du ciel.

« Une étoile ! » s'écria Nino. Il courut vite et attrapa l'étoile dans ses mains.

L'étoile brilla fort, puis une voix douce parla :

« Bonjour, Nino. Je suis ton étoile. Je peux exaucer un vœu. Quel est ton vœu ? »

Nino pensa un moment. Il n'hésita pas.

« Je veux un ami, une vraie amie, quelqu'un avec qui jouer tous les jours ! »

L'étoile cligna et fit un vœu magique. En un instant, une petite créature apparut devant Nino. C'était un petit dragon vert avec de grandes ailes et un sourire gentil.

« Salut, Nino ! Je m'appelle Pipo ! » dit le dragon.

Nino était très heureux. Il joua avec Pipo toute la journée. Mais au bout de quelques jours, Nino se rendit compte que Pipo était très différent de lui. Il ne comprenait pas toujours ce que Nino aimait. Pipo préférait voler dans les airs, mais Nino avait peur de voler.

Un jour, Nino et Pipo se disputèrent. Nino dit :

« Tu n'es pas comme moi, Pipo. Je voulais un ami qui aime les mêmes choses que moi ! »

Pipo baissa la tête.

« Je suis désolé, Nino. Je ne voulais pas te rendre triste. »

Nino pensa à l'étoile et se souvint du vœu qu'il avait fait. Il regarda Pipo et sourit.

« Ce n'est pas grave. Tu es différent, mais tu es toujours mon ami. »

Nino comprit que les amis ne sont pas toujours exactement comme nous, mais qu'ils sont précieux quand même. Il appréciait les moments qu'il passait avec Pipo, même s'ils n'étaient pas toujours parfaits.

Ce soir-là, Nino regarda les étoiles et dit à l'étoile :

« Merci pour mon ami. Mais je sais maintenant que l'amitié, ce sont les petites choses qui comptent. »

Et depuis ce jour, Nino et Pipo passèrent beaucoup de temps ensemble, apprenant à se comprendre et à apprécier leurs différences.

Nino's Star

Nino was a boy who often felt lonely. He didn't have many friends and spent most of his days looking at the stars in the sky.

One evening, as he watched the stars shine, a shooting star fell from the sky.

"A star!" Nino exclaimed. He ran quickly and caught the star in his hands.

The star glowed brightly, and then a gentle voice spoke:

"Hello, Nino. I am your star. I can grant you one wish. What is your wish?"

Nino thought for a moment. He didn't hesitate.

"I want a friend, a real friend, someone to play with every day!"

The star twinkled and cast a magical wish. In an instant, a small creature appeared before Nino. It was a little green dragon with big wings and a kind smile.

"Hi, Nino! My name is Pipo!" said the dragon.

Nino was overjoyed. He played with Pipo all day. But after a few days, Nino realized that Pipo was very different from him. Pipo didn't always understand what Nino liked. Pipo preferred flying in the air, but Nino was afraid of flying.

One day, Nino and Pipo had an argument. Nino said:

"You're not like me, Pipo. I wanted a friend who likes the same things I do!"

Pipo lowered his head.

"I'm sorry, Nino. I didn't mean to make you sad."

Nino thought about the star and remembered the wish he had made. He looked at Pipo and smiled.

"It's okay. You're different, but you're still my friend."

Nino realized that friends aren't always exactly like us, but they're precious all the same. He appreciated the time he spent with Pipo, even if it wasn't always perfect.

That night, Nino looked up at the stars and said to the star:

"Thank you for my friend. But now I know that friendship is about the little things that matter."

From that day on, Nino and Pipo spent lots of time together, learning to understand each other and appreciate their differences.

La Plume Magique

Un matin, Léo, un garçon curieux, se promenait dans son jardin quand il trouva une plume magique qui brillait. La plume était toute dorée et étincelait comme un soleil. Léo la prit dans ses mains. Quand il toucha la plume, quelque chose de magique arriva. Il se retrouva soudainement dans une forêt magnifique, pleine de couleurs vives.

Les arbres chantaient, les fleurs dansaient, et les nuages jouaient avec les animaux. Léo n'en croyait pas ses yeux. Il marcha dans la forêt et aperçut une chouette sage, assise sur une branche.

« Bonjour, jeune Léo, » dit la chouette d'une voix calme. « Cette plume est magique. Elle peut t'aider à trouver ce dont tu as vraiment besoin. Mais tu dois croire en la magie. »

Léo se demanda comment il pouvait utiliser la plume. La chouette lui dit :

« Pour aider les autres et partager cette magie, tu dois d'abord croire que tout est possible. »

Léo décida de partir à l'aventure dans la forêt magique. En chemin, il rencontra un lapin qui était perdu. Le lapin avait peur et ne savait pas comment retourner chez lui. Léo utilisa la plume et toucha doucement le lapin. La plume brilla et le lapin retrouva son chemin.

Plus loin, Léo vit un oiseau avec une aile cassée. Léo toucha l'aile avec la plume magique. L'oiseau se sentit mieux et vola dans le ciel avec un grand sourire.

Léo se sentit heureux d'aider les autres. Il continua à marcher dans la forêt. Il arriva devant un grand arbre triste. Ses feuilles étaient mortes et l'arbre semblait fatigué. Léo pensa aux paroles de la chouette. Il croyait en la magie maintenant.

Il toucha l'arbre avec la plume, et tout à coup, l'arbre commença à briller. Ses feuilles redevinrent vertes et fraîches, et il se redressa, tout joyeux.

« Bravo, Léo ! » cria l'arbre. « Tu as trouvé la magie de l'amitié et de l'aide. »

Léo sourit et se rendit compte que la magie ne venait pas seulement de la plume. La vraie magie était dans le cœur de ceux qui aidaient les autres.

Léo retourna chez lui avec la plume magique, mais maintenant, il savait que la véritable magie était de croire et d'aider les autres. Chaque jour, il se souvenait de sa grande aventure et de la leçon qu'il avait apprise.

The Magic Feather

One morning, Leo, a curious boy, was walking in his garden when he found a magic feather that was glowing. The feather was all golden and sparkled like the sun. Leo picked it up in his hands. As soon as he touched the feather, something magical happened. He suddenly found himself in a beautiful forest, full of bright colors.

The trees were singing, the flowers were dancing, and the clouds were playing with the animals. Leo couldn't believe his eyes. He walked through the forest and saw a wise owl sitting on a branch.

"Hello, young Leo," said the owl in a calm voice. "This feather is magical. It can help you find what you truly need. But you must believe in magic."

Leo wondered how he could use the feather. The owl told him:

"To help others and share this magic, you must first believe that everything is possible."

Leo decided to go on an adventure in the magical forest. Along the way, he met a rabbit that was lost. The rabbit was scared and didn't know how to get home. Leo used the feather and gently touched the rabbit. The feather glowed, and the rabbit found its way home.

Further on, Leo saw a bird with a broken wing. Leo touched the wing with the magic feather. The bird felt better and flew into the sky with a big smile.

Leo felt happy to help others. He continued walking through the forest. He came across a big, sad tree. Its leaves were dead, and the tree looked tired. Leo thought about the owl's words. Now, he believed in magic.

He touched the tree with the feather, and suddenly, the tree began to shine. Its leaves turned green and fresh, and it stood up tall, full of joy.

"Bravo, Leo!" shouted the tree. "You have found the magic of friendship and helping others."

Leo smiled and realized that the magic didn't just come from the feather. The real magic was in the hearts of those who helped others.

Leo went back home with the magic feather, but now, he knew that the true magic was to believe and help others. Every day, he remembered his great adventure and the lesson he had learned.